J.-L. ROUMÉGUÈRE

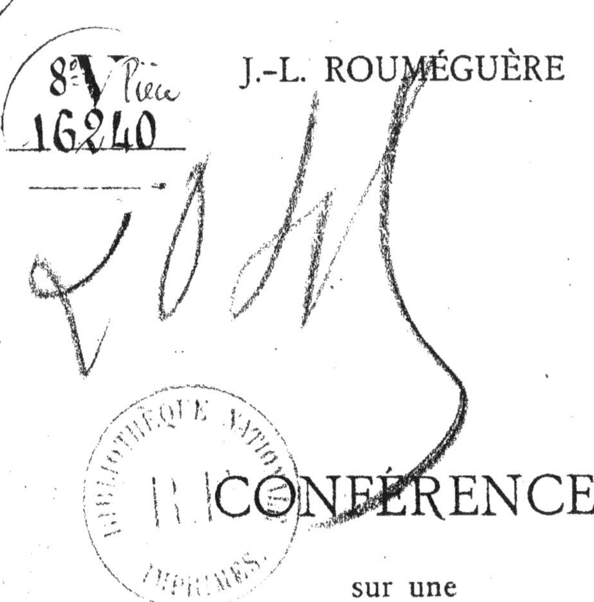

CONFÉRENCE

sur une

TENTATIVE DE PEINTURE

SCIENTIFIQUE

ÉDITION DE LA " REVUE ROUGE "

16, Rue de la Grande-Chaumière

PARIS

1906

MESDAMES, MESSIEURS,

Je vous prie d'abord de m'accorder toute votre indulgence pour bien des raisons: la principale est que je viens vous parler d'une science nouvelle qui n'est pas encore au point, tant s'en faut, mais dont cependant je veux vous entretenir comme d'une idée dont l'avenir seul pourra donner la valeur exacte. J'aurais voulu continuer mes travaux pour venir, plus tard, avec autre chose qu'un embryon, mais, l'année dernière mon existence a été très sérieusement compromise et je reste en danger. J'ai estimé que, dans ces conditions, je ne pouvais différer plus longtemps de soumettre cette idée à ceux qui m'ont fait l'honneur de venir m'écouter, considérant que, si réellement l'art peut gagner dans la poursuite de ce que je crois n'être pas une chimère, j'eusse commis un crime en n'en parlant pas immédiatement.

Je ne pouvais cependant le faire plus tôt; il fallait, tout en ne venant prouver hélas, que trop peu, prouver pourtant assez pour démontrer que mon rêve n'est pas une utopie et que, si je venais à disparaître, mon idée devrait être poursuivie.

D'ailleurs, je souhaite vous intéresser assez, dès maintenant, pour n'être plus seul à travailler dans ce sens et cela au plus grand profit de l'art afin qu'il ait au plus tôt à son service, une science qui, d'après moi, lui fait entièrement défaut.

Je ne vous cacherai pas que c'est une grande difficulté que de trier dans les quelques connaissances que j'ai pu amasser, celles qui peuvent se présenter sous une forme assez simple pour entrer dans le cadre d'une conférence, c'est-à-dire pour pouvoir être exposées ailleurs que dans un cours, à leur place, dans la graduation d'un enseignement.

Supposez qu'on n'ait compté jusqu'à ce jour que sur les

doigts et que quelqu'un vous dise: « J'ai commencé les mathématiques ». Ce monsieur aurait, je crois, quelque embarras pour faire comprendre ce qu'il aurait trouvé à des personnes qui viendraient entendre seulement quelques explications très sommaires.

Supposez qu'on n'ait fait de musique jusqu'à ce jour qu'instinctivement, à la manière de ceux qui, sans la connaissance des sciences musicales, cherchent un air sur un piano et que quelqu'un vienne dire: « J'ai trouvé la *dominante*, la *sensible*; j'ai trouvé qu'il est indispensable de savoir dans quel ton l'on joue. » Ce monsieur aurait, je crois, quelque embarras à prouver, d'une manière péremptoire, que sa science est de la plus haute utilité.

Je me trouve un peu dans ce cas, d'autant plus que, n'ayant jamais prévu devoir faire un cours, je ne l'ai pas préparé et que j'ai jusqu'à ce jour travaillé seulement pour moi.

C'est un homme de lettres, mon ami Georges Lemoyne qui m'a poussé, je tiens à le dire, à faire connaître ma manière de peindre. Je lui ai objecté que, perdu au fond de la province et malade, je ne pourrais peut-être pas soutenir une lutte contre le parti pris toujours possible en présence d'une innovation. Mais il a eu raison de ma résistance en me pénétrant de ce que j'ai dit au début: qu'il serait un crime de se taire si l'art risquait d'y perdre.

Eh bien soit! Faisons notre devoir; advienne que pourra!...

Donc, il faut que je trouve la manière d'être très simple et que je présente des vérités que n'aurait pu renier de **la Palisse**.

Dans un tableau, la sensation d'une couleur n'existe que par rapport aux autres. Une couleur sombre peut donner la sensation d'une couleur claire dans une tonalité d'ombre; inversement, une couleur claire peut donner la sensation d'une couleur sombre dans une tonalité de lumière.

Tous les peintres diront : « Nous savons cela et nous appliquons tous les jours cette règle, si règle il y a ». Ce à quoi je répondrai: « Oui, mais jamais on n'a précisé; jamais on n'a donné, à l'état de règle, la dernière limite où la sensation

peut se produire. Nos moyens sont limités puisqu'ils sont maté-
riels. De ces limites, il découle des lois précises. »

Je vais le prouver et prouver aussi qu'on ne peut s'y sous-
traire, car ne pas savoir qu'on les a appliquées ne veut pas
dire qu'on s'y est soustrait.

La limite de nos moyens me permet de dire : « Je pars du
premier terme, le blanc (qui restera le premier terme jusqu'au
jour où la chimie nous donnera autre chose, du double blanc
si vous voulez. Ce jour-là, la méthode n'aura pas changé, notre
instrument aura, par exemple, une octave de plus, voilà tout).
Je pars du premier terme: le blanc et je compose une tonalité
aussi claire que possible, c'est-à-dire une tonalité où tous les
tons soient aussi voisins que possible du blanc, tout en possé-
dant la coloration qu'ils doivent avoir pour ce qu'ils représentent.

(Nous pourrions voir comment on peut trouver la coloration
qu'ils doivent avoir selon le plan, la distance, l'atmosphère
la lumière, chacun de ces facteurs apportant une modifica-
tion. Cela nous entraînerait trop loin. Ces développements
ne peuvent être faits qu'à leur place, dans un enseignement
gradué qui ferait durer cette conférence trop longtemps.)

Je dois donc m'astreindre à démontrer, seulement, que la
limite précise de nos moyens nous entraîne à des règles précises que nous appliquons chaque fois que nous faisons un
tableau qui a de la tenue. Ne vaudrait-il pas mieux les bien
connaître pour être sûr de soi, pour savoir si on se heurte à
une impossibilité, pour connaître la mesure du possible dans
ce que l'on cherche, pour être certain d'avoir réellement de-
mandé à la couleur tout ce qu'on est en droit d'exiger
d'elle, etc?

Je viens de composer une tonalité blanche ai-je dit. Dans
cette tonalité, je vais chercher ce qu'est le noir. Or, il se
trouve qu'à partir de tel gris seulement on a la sensation d'un
noir.

Donc tel gris bien déterminé est le premier terme du noir
Et c'est bien là le premier terme puisqu'il n'est noir que par
rapport à la tonalité la plus claire que je *peux* établir. Et je
ne *peux* en établir une plus claire puisque je n'ai pas de double

blanc

Voici une étude où est faite l'application du permier terme
du noir. Il faut remarquer que, dans cette tonalité, tous les tons
sont voisins et qu'ils concourent tous à la même harmonie. Ils
sont tous aussi clairs que possible, ce qui ne veut pas dire
que l'on ne puisse donner la sensation de plus de lumière;
cela est une autre affaire. »

Toute ma peinture est basée sur des déductions de ce genre
et je constitue toujours ma palette pour le cas qui m'occupe
c'est-à-dire une palette différente pour chaque cas différent.

Par exemple je dis: « Cette lumière qui a telle couleur, cette
atmosphère et ce plan modifient de telle façon le blanc, le
jaune, le rouge, le bleu, et, comme j'ai étudié les rapports des
couleurs dans les divers états d'atmosphère et de lumière, je
constitue ma palette pour le plan qui m'occupe: je peins
avec seulement des couleurs qui sont déjà dans une tonalité
voulue dont l'harmonie est établie rigoureusement, du moins
assez rigoureusement au point de vue pratique. Si certains
degrés peuvent être négligés, en musique, d'autres peuvent
l'être aussi, en peinture, et nos sens ne sont pas si parfaits
que notre œil ait besoin de la physique pour rectifier à ce
point les nuances et compter les vibrations.

L'étude approfondie des couleurs conduit à trouver des
moyens qu'on est tout étonné de posséder tant ils sont grands.
Je me figurais au début que nous étions bien pauvres. Et plus
d'un élève doit penser la même chose quand son regard quitte
les couleurs ternes de la palette pour contempler les richesses
de la nature, la profusion, la prodigalité de ses illuminations.
Certes, nous ne pouvons pas tout rendre, mais *en rapportant
les effets à nos moyens* nous pouvons si nous connaissons bien
ceux-ci donner la sensation de la plupart de ces effets.

Quand je dis que nous avons de grands moyens, je n'exa-
gère pas puisque nous pouvons faire des tonalités assez éloignées pour que ce même gris, ce noir, puisse représenter du
blanc dans un autre tableau. Voici un cas où le noir est du
blanc. Evidemment, dans ce cas, toutes les couleurs sont transposées dans la tonalité la plus sombre de la palette. Mais
encore cela démontre-t-il que notre échelle des tons est assez

longue pour qu'un blanc dans un tableau puisse être un noir dans un autre ou même dans un même tableau si dans celui-ci il se trouve dans des parties différentes: une partie d'intérieur sombre en opposition avec une autre partie vivement éclairée. Voilà un cas où on peut être certain d'avoir obtenu le maximum de l'effet:

Ayant cherché la tonalité la plus sombre et la connaissant bien, *on ne peut pas espérer* en trouver une plus sombre puisque *nos moyens sont limités* par *les derniers noirs* et, l'ayant opposé à la tonalité la plus claire que l'on connaît bien, on peut être certain d'avoir employé tous les moyens applicables à ce cas.

Je ne veux pas conclure de cela que l'on doive toujours opposer la tonalité la plus sombre à la tonalité la plus claire; ce serait souvent désastreux, tous les cas ne le comportent pas. Et si l'on voit souvent dans mes œuvres de grande parties d'ombre il ne faut pas en déduire que c'est là une obligation dans ma méthode. Si la lumière me séduit, l'ombre ne me séduit pas moins; il m'arrive souvent de faire un effet de soleil au second plan dans le but d'avoir tout l'intérêt de l'ombre au premier.

La mode est à la peinture claire. Cette peinture a son intérêt, autant d'intérêt que toute autre; mais vouloir ne faire que celle-là c'est faire l'amputation d'une partie de soi-même. Si nous avons une émotion, si nous vibrons en présence d'une œuvre d'art, une peinture claire ne peut pas donner *la même nature* d'émotion qu'une peinture sombre. Pour ma part, j'affirme que je ne ferai jamais un sacrifice à la mode, pas plus qu'à une école. Je ne veux pas être amputé.

Oui certes, nous avons de grands moyens puisque nous pouvons faire des tonalités assez éloignées pour que ce même gris, ce blanc, ce noir puisse représenter un violet dans un autre tableau, un vert dans un autre, c'est-à-dire des couleurs opposées presque complémentaires.

Voici une étude où ce gris devient un vert et voici une autre étude ou toujours ce même gris devient un violet.

Il faut remarquer que la tonalité doit être bien juste ici

pour obtenir un violet et un vert, non quelconque, mais bien une montagne violette appartenant à un plan bien déterminé et donnant la sensation de ce qu'elle doit être à cette heure, par cette lumière, dans cette atmosphère et à ce plan. La même remarque s'appliquera aux arbres verts.

Il ne suffit pas de dire: « Cela est obtenu par le jeu des complémentaires », ce serait dire trop peu. Il faut savoir comment, quand, pourquoi on doit faire entrer en jeu les complémentaires et comment, quand, pourquoi on doit les éviter.

Il faut remarquer aussi que la voiture noire ne présente pas sa partie éclairée, la lumière venant de gauche (c'est donc là déjà un noir relativement d'ombre) et que la maisonnette blanche est éclairée, la lumière crépusculaire venant de droite.

N'est-il pas surprenant que le même ton, la même teinte puisse donner un noir d'ombre et un blanc de lumière ?

Ces tableaux sont très petits mais ils suffisent comme indi·cation. Reproduits en grand ils donneraient des sensations plus nettes. Tout le monde sait, qu'en petit, bien des effets sont perdus ou atténués.

Voici d'autres études où une même couleur représente du crottin sur une route et des fleurs jaunes dans un autre tableau.

Tout cela pour prouver qu'il existe des tonalités bien déterminées qui *commencent évidemment à un certain degré* dans l'échelle des couleurs *et finissent à un autre degré* et cela invariablement. Je dis bien *invariablement* car une tonalité ne peut être changée sans qu'elle devienne autre

Je ne sache pas que ces tonalités aient été jamais classées.

Comment pourrait-on d'ailleurs transposer facilement une tonalité dans une autre si on ne connaissait pas leur limite?

Je parle de transposition : Les couleurs sont transposées quand toutes celles qui composent un morceau ont suivi le même mouvement. Exemple: Je prends une planche, je la divise par de la couleur en plusieurs parties; je la peins en ocre rouge, en terre de sienne naturelle, en vert, etc. Il est certain qu'en faisant passer cette planche par des zones d'ombre et de lumière, en l'éloignant ou la rapprochant, je modifie à mon gré l'aspect de ces couleurs et que pour les représenter sur un tableau qui, lui, ne passe pas par ces zones, je dois les transposer c'est-à-dire employer d'autres couleurs pour donner la sensation de celles-là.

La science doit pouvoir enseigner le mouvement égal des différentes couleurs.

Je suis bien obligé d'admettre que malgré l'absence d'une science exacte, de nombreux artistes ont fait des chefs-d'œuvre. Ils ont eu la bonne fortune d'avoir, à certains moments et dans certains cas, l'intuition des règles immuables de l'harmonie. Car, s'il est vrai qu'il existe une harmonie, cette harmonie ne pouvant être que la conséquence de certains états, de certaines altérations de la lumière, — cette harmonie a indubitablement ses lois découlant de ces états, de ces altérations.

Comment contester l'utilité d'une science en présence des effets fugaces de la nature? Comment être sûr de donner la sensation du vrai en essayant de rendre tout ce qui ne pose pas, tout ce qu'on n'a pu qu'entrevoir et qu'on ne peut reconstituer dans un atelier.

Faut-il se fier à ce qu'on a vu ou seulement entrevu en admettant qu'on ait fidèle cette mémoire spéciale?

Nous venons de voir qu'il ne faut accorder à l'œil qu'une confiance bien relative. Nous lui avons fait prendre du blanc pour du noir, du noir pour du blanc, du vert pour du violet, du violet pour du vert, du crottin pour des fleurs, des fleurs pour du crottin, en somme des vessies pour des lanternes. L'œil n'y voit goutte. On a essayé d'en faire un instrument fidèle, intelligent; ce n'est peut-être qu'une lucarne derrière laquelle viendrait se placer le sentiment ou la raison.

Mais n'en médisons pas et réjouissons-nous au contraire; s'il est si bon enfant nous pourrons le tromper plus facilement. Et mieux nous l'aurons trompé et plus nous aurons été sincères. Cela n'est pas un paradoxe, et c'est un peintre particulièrement épris de la vérité qui veut le dire. La surface plane du tableau que la main moins aveugle heurterait, nous la lui escamotons et nous le faisons plonger, là, dans un vide imaginaire, où nous lui montrons de l'espace tant qu'il peut en mesurer; nous lui faisons prendre un jaune pour du soleil, un noir quelconque pour un trou, du bleu ou autre chose pour de l'air.

Et on l'aurait pour seul guide quand il peut être égaré si facilement !

Que l'on me pardonne cette boutade.

Je tiens à frapper, à montrer la nécessité d'une étude beaucoup plus approfondie de la couleur. Pour diminuer le rôle de l'œil ? Non ! mais pour lui venir en aide dans toute la mesure du possible.

Il faut bien l'avouer, les peintres, même ceux de nos jours, en savent à peine plus que le pâtre qui joue un ou plusieurs airs sur son instrument. (Je veux parler, bien entendu, en tant que science de la couleur et rien que de cela). On développera chez l'élève le sentiment de la beauté, on lui fera comprendre la forme et il pourra devenir un grand artiste, mais les leçons qu'on lui donnera sur la peinture seront nulles, parce que cette science est ignorée.

Remarquez que je peux parler ainsi parce que je me hâte de vous dire que je ne me place pas à un rang supérieur, tant s'en faut.

Je suis convaincu que si je n'ai pas perdu de temps, beaucoup d'autres n'en ont pas perdu non plus. Si on faisait la somme des connaissances de tout autre artiste qui a beaucoup cherché, je ne serais peut-être pas brillant. Cependant il faudrait que chacun portât ses trouvailles au grand jour parce qu'il nous manque bien des éléments.

Faites une expérience que j'ai déjà faite. Adressez-vous à un musicien qui est passé par un conservatoire ou qui sait à peu près ce que sont nos écoles de musique et ce qu'on y enseigne. Dites-lui : « Nous avons comme vous des gammes ; et la preuve, c'est que si, chez vous, un même son, le mi bémol par exemple, donne une sensation particulière dans la gamme d'ut mineur alors que ce même son en donne une toute autre dans la gamme de si bémol majeur, chez nous, une même nuance, un gris, par exemple, peut donner, dans un morceau, la sensation d'un violet quand il donne dans un autre morceau la sensation d'un vert. Ce sont bien là des gammes différentes. Croyez-vous que dans nos écoles on ne nous enseigne pas les gammes ; on ne nous a jamais dit que la gamme de fa naturel majeur comportait le si bémol. Je veux dire qu'en peinture on ne donne aucune notion équivalente. On ne nous enseigne rien de tout cela, encore moins nous parle-t-on de transposition, etc. Tout l'enseignement de la couleur se résume en quelques termes vagues qui, à un point de vue méthodique, ne signifient pas la moindre chose. Nous ne savons rien, nous pataugeons ».

Le musicien ne vous croira pas; il pensera que c'est là une mauvaise plaisanterie. Dites-lui cependant que ce n'est la faute de personne; que nos maîtres n'enseignent pas ces choses parce que cette science n'existe pas; et que, si les élèves des conservatoires ont la bonne fortune d'apprendre des notions utiles, indispensables, c'est que les sciences musicales sont beaucoup plus, incomparablement plus avancées que les nôtres.

Oui, messieurs les peintres, nous avons beaucoup à faire pour être au niveau des musiciens, dans l'enseignement. Nous retardons de plusieurs siècles et de longtemps sans doute nous ne pourrons les atteindre.

Entendons-nous bien, je ne veux pas dire, qu'au point de vue art, un peintre ne vaille pas un musicien. Celui qui a pu faire un chef-d'œuvre avec de la couleur sans posséder les connaissances dont je démontre, je crois, la nécessité, a un bien grand mérite.

Revenons au pâtre qui peut avoir l'âme d'un musicien mais qui n'a jamais vu une portée; il n'a aucune connaissance des sciences musicales et cependant il se sert de son instrument *relativement* en virtuose. On pourrait lui dire: « Ce que vous faites, sans avoir rien appris de ce que l'on sait aujourd'hui, indique que vous avez un tempérament d'artiste. Que ne feriez-vous donc pas si vous possédiez toutes les notions nécessaires à votre art ? » Et il est probable que si l'on mettait brusquement sous les yeux du pauvre pâtre tout ce qu'il aurait à apprendre il serait terrifié; il croirait qu'il ne devrait jamais se reconnaître dans cet effroyable dédale de tons, de demitons, de soupirs, d'accidents, d'intervalles, de tonalités différentes, de modes, etc., etc.

Encore aurait-il la consolation de penser que d'autres, en grand nombre, ont appris tout cela avant lui et il pourrait se dire: « J'arriverai donc à l'apprendre, moi aussi, puisque cela se peut. »

Je suis persuadé que la plupart des peintres, s'ils n'avaient pour exemple la musique qui exige de telles connaissances, tendraient à croire qu'une science si vaste ne serait pas à la portée des moyens humains pour la mettre au service de l'art. Ils estimeraient que pour faire de l'art l'esprit doit être libre, qu'il ne doit pas être gêné dans ses mouvements en traînant à la remorque, un tas de règles dans lesquelles il risquerait de s'empêtrer.

Ne discutons pas! Voyez et écoutez le musicien. Fait-il autre chose? S'empêtre-t-il? Non, parce que l'étude de ces règles les lui a rendues tellement familières qu'il n'y songe même plus en les appliquant.

Eh bien ici, il y a des tonalités différentes, des changements de tonalité dans le même tableau, des accidents, des intervalles, de la transposition, etc., etc.

Que de points communs avec la musique!

Doit-on tarder plus longtemps à élucider tout cela?

Pour ma part je ne l'ai pas pu; en voici la raison:

Je me suis attaché assez particulièrement à rendre les effets fugaces de la nature. Ces effets-là m'impressionnent, en général, plus fortement et cela se conçoit; ce sont ceux que l'on voit le moins qui impressionnent le plus. La sensation n'a pas le temps de s'user. Le saisissement vient de ce qu'un spectacle n'est pas habituel.

Il est impossible de peindre ces effets sur nature. La rapidité de leur disparition n'en permet absolument pas l'exécution sincère quelque dextérité que l'on puisse avoir.

J'avais espéré les surprendre et j'avais fait faire une petite boîte de poche, assez petite pour l'avoir toujours sur moi, pour vivre avec elle, de façon à ne jamais manquer l'occasion. Je m'étais en outre exercé à peindre de très petits panneaux, l'exécution d'une peinture assez documentée et minuscule ne s'accommodant pas d'une main inexpérimentée.

Eh bien, j'ai surpris relativement très peu d'effets; en revanche, j'ai été souvent surpris par leur dissolution avant d'avoir pu seulement jeter les premiers tons.

Un coucher de soleil semble durer assez longtemps pour qu'on puisse le saisir, mais immédiatement on s'aperçoit de son instabilité. *La plupart de ses effets ne durent pas deux minutes.*

Ces difficultés, ces impossibilités m'obligèrent à réfléchir.

Je pensai aux lois générales qui régissent ces effets et cherchai à les rapporter à nos moyens, pour venir en aide à l'œil dont la mémoire et la justesse sont insuffisantes.

Je crois que je fus assez heureux pour trouver des règles qui donnent à l'artiste toute la puissance des moyens et qui le rendent maître des différentes tonalités sans qu'il puisse s'écarter autrement que volontairement de l'harmonie.

J'ai dit plus haut que ma méthode ne pouvait entrer dans le cadre d'une conférence.

Cependant pour ne laisser, dans l'esprit, aucun doute sur la précision pour ainsi dire mathématique avec laquelle j'établis mes tons, je vais essayer de faire quelques démonstrations.

Dans ce tableau, *Effet de matin dans les montagnes*, j'ai voulu donner l'impression d'une matinée assez claire pour que, avant le lever du soleil, on puisse distinguer, à contre-jour, toutes les nuances.

Je ne ferai, ici, aucune allusion à l'art qui a pu me guider pour le choix de ce site et son adaptation à cet effet. J'étais libre de faire une chose moins calme, violente, tragique, plus fraîche, moins fraîche, de choisir une lumière plus rouge, plus rose, plus grise, que sais-je!... un temps plus brumeux, moins brumeux, pluvieux, etc.

Voit-on toutes les différences qui peuvent surgir du choix du cas et quelle mobilité d'expression la science doit pouvoir fournir à l'art. C'est ce que tente ma méthode; au lieu de l'enfermer dans un cycle étroit, elle élargit plutôt son domaine en cherchant toutes ses libertés, mais en lui indiquant les limites de chaque harmonie.

Dans cette œuvre, j'ai fait choix d'une lumière jaune.

Remarquez qu'à droite et à gauche ce jaune se dégrade dans un gris bleu. Je pourrais justifier ce gris bleu mais il faudrait entrer dans des considérations d'atmosphère, de transposition et de lumière qui m'entraîneraient trop loin. Je vous prie de bien vouloir admettre qu'il peut être une teinte juste. Donc si vous l'admettez, ce jaune se dégrade dans le gris-bleu.

Pour déterminer son degré il faut savoir combien de blanc doit entrer exactement dans la composition de ce jaune. Nous allons y arriver mais je suis dans l'obligation de faire quelques digressions.

D'abord je dois dire que j'ai voulu un jaune aussi coloré *que possible*, la nature dans sa variété me permettant le choix d'une gamme colorée ou pâle. *Le possible* dans le cas qui nous occupe est déterminé par des relations obligatoires que nous verrons.

Ensuite, je suis dans la nécessité de parler de l'effet du blanc sur la couleur.

Je considère en matière de transposition le blanc comme un gris plus clair que les autres. En effet, tout le monde a remarqué que s'il rend la couleur, avec laquelle on le mélange, plus claire, il la décolore en même temps en la rendant plus grise.

Si je veux conserver la richesse de la teinte je mettrai donc le moins de blanc possible.

D'autre part le gris bleu dans lequel je dois dégrader mon jaune exige que ce jaune possède assez de blanc pour être non-seulement, dans ce cas, plus lumineux que lui, mais pour que tous les tons qui peuvent naître du mélange soient tous plus lumineux que lui, puisque tous ces tons donnent la dégradation de la lumière.

Donc, d'une part, le plus de blanc possible pour être lumineux ; d'autre part le moins possible pour être coloré.

La justesse de l'effet dépend beaucoup de la justesse de la dégradation et la preuve en est en ceci que la nature qui est toujours juste puisqu'elle est la nature, nous dégrade des jaunes plus ou moins clairs dans des bleus plus ou moins foncés.

Mais, comme ici, je veux le jaune le plus coloré possible je cherche, par la dose de blanc, la moindre, celui qui est susceptible de fournir, en mélange avec le bleu en question, tous les tons plus clairs que lui et au point de vue pratique, une fois ce jaune constitué, j'en fais un tas sur ma palette pour n'être pas obligé de le refaire à chaque coup de pinceau et pour avoir une dégradation toujours absolument juste, ce qu'on ne saurait faire avec l'œil, s'il fallait, à chaque touche, trouver la combinaison parfaite qui doit surgir du mélange des deux tons qui servent de base.

La dose de blanc à mettre dans le jaune est donc bien déterminée : elle se trouve exactement entre les deux exagérations signalées.

Comparativement à d'autres effets que j'ai obtenus, ce jaune ne donne pas la sensation d'une lumière aussi vive. Ce même jaune pourrait la donner évidemment en lui fournissant d'autres relations que nous trouverions en raisonnant mais il est là représentant des vapeurs qui voilent la lumière.

Immédiatement au-dessus de ce jaune en allant vers le zénith on voit une teinte plus verte. Elle n'est pas obtenue par la dégradation du jaune dans le bleu. Elle est obtenue par un mélange de vert émeraude pur et de blanc pur.

Que vient faire ce vert?

Nous venons de voir que, dans un ciel, des vapeurs jaunes se dégradant dans du bleu donnent une série de verts. Si nous essayons, par un mélange de jaune et de bleu, de produire cette teinte fournie par le vert émeraude, nous nous apercevons que nous ne possédons pas un jaune assez brillant ou un bleu assez brillant, peut-être ni l'un ni l'autre. Le mélange donne une teinte plus grise, plus sale, moins lumineuse. La présence de ce vert à ce point est donc pour ainsi dire la fin d'une tonalité dont nous ne possédons pas les éléments initiaux et indique plus bas, derrière ces vapeurs, la présence d'un jaune plus brillant que je ne peux vous montrer puisque nous ne l'avons pas, mais que je vous fais soupçonner.

Donc, je ne peux employer cette tonalité tout entière, elle n'est pas dans nos moyens; mais j'ai sa fin; je l'utilise pour faire sentir le point où le soleil se montrera.

Je viens de montrer, déjà, dans ce ciel 3 tonalités: un bleu transposé, enchaîné avec un jaune par un genre de *modulation* et qui appartient, lui aussi, à une autre tonalité, et enfin un vert comme fin d'une tonalité que nous ne possédons pas entière.

Ici, permettez-moi de faire remarquer qu'il peut entrer dans un ciel un grand nombre de tonalités différentes constituant cependant la plus parfaite harmonie.

Je continue le développement de mon ciel.

Si j'ai eu quelques libertés offertes par la nature pour le choix de mon gris bleu et pour le choix du jaune, il n'en est pas de même pour le ton rougeâtre qui se trouve au-dessous de ce jaune. En effet, le rouge est, par la nature même de sa nuance plus foncé que le jaune dans une même tonalité, *a fortiori* s'il appartient à une tonalité plus sombre, et elle l'est puisque nous descendons dans une brume plus dense.

Il semblerait donc que, par le fait d'une brume plus dense, je puisse choisir parmi plusieurs tons rougeâtres selon que je supposerais plus d'épaisseur ou de densité à la brume; mais comme ce rougeâtre se trouve pris entre un gris clair, celui de l'horizon, et un jaune déterminé déjà il faut que, d'une part, il soit plus clair que le gris et d'autre part plus sombre que le jaune.

Et comme le gris est très clair, assez voisin du jaune, vous voyez qu'il n'y a pas d'écart possible et que le rougeâtre ne pouvait être autre puisqu'il faut que, par la dose de blanc, il réponde à ces deux qualités: être plus sourd que le jaune et plus clair que le gris. Il est absolument déterminé.

Quant au gris de l'horizon je ne pouvais le faire ni plus clair ni plus sombre pour deux causes: Pas plus clair, puisque, dans ce cas, il faut que sa valeur soit suffisante pour soutenir ce rougeâtre, et pas plus foncé parce que, pour rapporter l'effet à nos moyens, étant donné le nombre considérable de plans que donne ce tableau, il faut qu'il réponde à cette obligation de laisser au-dessous de lui toutes les valeurs que j'ai réservées pour la constitution des terrains.

Et il faut, je crois, savoir d'avance *quel nombre* de valeurs on possède au-dessous pour n'être pas à court dans la création de tous ces plans.

Ce nombre résultera d'un classement conventionnel.

Donc, ces tons ne peuvent être autres conformément à l'intention générale et première du tableau.

Je pourrais également démontrer la justesse de leur nuance, et dire pourquoi mon gris n'est ni plus bleu, ni plus violet et pourquoi mon orangé n'est ni plus jaune ni plus rouge, mais ce serait infiniment plus long, parce qu'en même temps je devrais énoncer et développer des théories sur les variations des nuances provenant du trajet de la lumière dans l'atmosphère et de leurs rapports entre elles, tout cela au point de vue de la peinture et non au point de vue de la physique, science avec laquelle, cependant, ma méthode doit marcher complètement d'accord.

Il faut quelquefois beaucoup de paroles pour expliquer clairement mais, en somme, une fois qu'on a compris, la conception est bien résumée dans l'esprit, et la mémoire est relativement peu chargée. On se représente très vivement à quelles obligations sont soumis ces tons dont je viens de parler. Si j'analyse cette conception, je vois que je n'ai pas le temps de la formuler, car, s'il s'agit du jaune, d'un trait, l'esprit voit tous les tons se dégradant dans le bleu de moins en moins lumineux; s'il s'agit du rougeâtre, d'un trait, il voit qu'il est pris entre deux tons, avec une valeur intermédiaire et quelle dégradation il doit fournir dans les deux sens, etc. Ce n'est donc plus effrayant dès qu'on a compris. Et de tout, ainsi.

Laissez-moi dire, en passant à ceux qui pourraient penser qu'en s'engageant dans cette voie on n'aurait plus d'artistes, on n'aurait que des savants, laissez-moi dire ceci: que s'il peut exister une science de la couleur, même rien qu'au point de vue couleur, elle ne peut suffire pour produire le charme ou l'émotion qui peuvent provenir, seuls, de l'art. Il y a donc aussi l'art de la couleur qui vous poussera à choisir ou à rejeter le voisinage de telles couleurs ou de tels effets permis cependant, la règle ne devant prohiber que ce qui est hors la vérité.

Laissez-moi leur dire qu'on ne peut impressionner avec une page d'algèbre, que les musiciens, bien plus savants que nous, n'ont pas eu, que je sache, l'âme rongée par les croches, que si j'ai su mettre, dans ma peinture, quelque charme, si j'ai su lui faire refléter une émotion, le trop peu de science, hélas, dont j'ai pu me servir n'a été que le moyen servile de l'expression.

Je parlerai maintenant de la colline qui se trouve tout à fait à droite et puis ce sera tout; ce sera peut-être déjà trop. Ces démonstrations deviendraient vite fastidieuses.

Cependant comment faire pour prouver qu'il y a des lois inéluctables!

Un tableau est à la peinture ce qu'une œuvre musicale est à la musique. On ne pourrait dans une seule séance expliquer la centième partie des règles qui ont été mises en pratique pour la confection de l'œuvre. C'est pourquoi je ne peux en effleurer que quelques-unes. Voyez tout ce qu'il a fallu dire pour justifier quelques valeurs...

Cette colline est à demi noyée dans la brume.

Personne n'ignore que le noir n'est pas représenté par du noir, à ce plan, voilé par la vapeur d'eau et l'air. Mais, puisqu'il faut rapporter les effets à nos moyens, ce noir obéit à l'échelle de nos ressources. Pour obtenir cet effet brumeux, fatalement, il faut qu'il soit soutenu par des noirs plus intenses se trouvant dans des plans plus rapprochés.

Or, selon le nombre de plans que j'ai dans mon tableau, supposons qu'il corresponde à la valeur, gris n° 4.

Le blanc qui se trouverait au même plan ne se trouvant pas dans la zone lumineuse ne peut être un vrai blanc; c'est un blanc relatif, donc un gris. Mettons que ce soit un gris n° 2.

Ce qui veut dire que s'il y avait de la neige sur cette colline elle serait représentée par un gris valeur n° 2 et que s'il y avait un trou, une grotte par exemple, ce noir serait représenté par un gris valeur n° 4.

Toutes les couleurs, les jaunes, les rouges, les roux, les bruns, les blancheâtres, etc., se trouvent appartenir dans ce cas à une échelle très courte comprise entre les deux extrêmes que je viens de nommer 2 et 4.

Cela est, sans contradiction possible, une règle et on aura beau vouloir ne pas être méthodique, rester instinctif, on ne pourra pas, à ce plan, poser un ton n'étant pas absolument régi par cette règle sans exception.

La science doit pouvoir indiquer ce que deviennent les

couleurs dans une échelle très courte et la manière de les cons-
tituer, toutes, dans cette échelle avec les rapports qui résultent
de ce raccourci.

Quand on a ses valeurs classées comme sont les tons en
musique, on sait tout de suite ce que l'on a à faire sans risquer de sortir du plan.

Il en est de même pour les lumières et pour les ombres.

Quand on a classé ses lumières *toujours relatives à ce
qu'on veut faire*, on ne risque pas de sortir de la lumière et
quand on a classé ses ombres on ne risque pas de sortir de
l'ombre; l'importance en est considérable.

S'il est, en général, difficile de faire de la lumière, c'est
parce qu'on fait entrer, sans s'en douter, dans la zone de
lumière des tons et des teintes qui peuvent ne pas choquer
mais qui empêchent de se produire une harmonie particulière sans laquelle la lumière ne peut exister en peinture. Car
il ne faut pas oublier que nous ne pouvons absolument pas
être vrais, que nous ne pouvons l'être que relativement, que
nous créons une harmonie de lumière et une harmonie d'ombre. La preuve, c'est que nos couleurs, recevant sur la surface
du tableau uniformément éclairé, aussi bien celles qui représentent les lumières que celles qui représentent les ombres, la
même intensité d'éclairage, nos couleurs n'offrent pas la
meme échelle que celles qui, sur nature, sont en réalité dans
des zones différentes de lumière et d'ombre.

Il faudrait, pour avoir cette même échelle, que le tableau
fût exposé en même temps et à l'ombre et à la lumière, les
parties lumineuses recevant la lumière, les parties d'ombre ne
la recevant pas.

Pour remplacer cette chose impossible on est forcément
dans la nécessité de créer sciemment ou non au moins deux
tonalités.

Ici, permettez-moi de prendre ma palette pour démontrer
comment avec une méthode on peut être certain de ne pas
franchir certaines limites d'une harmonie. Veuillez remarquer qu'il suffit dans ce cas de déplacer le blanc pour transposer dans le clair ou dans le sombre. Je vais me servir pour

cet exemple d'ocre transparente, de terre de sienne brûlée, de laque fine, de vert émeraude. Voici une harmonie ayant pour limite le blanc...

...Si je prends pour limite ce gris n° 2, par exemple, et que je m'en serve en guise de blanc, je ne pourrai plus entrer dans la première harmonie, qui a le blanc pour limite, et je reste bien certain de ma transposition. Si je prends le gris n° 4 il en est tout à fait de même et je me trouve avoir transposé dans une tonalité encore plus sombre, sans que je puisse la franchir autrement que volontairement. Je mets ainsi l'œil dans l'obligation de voir comme je veux. Cette *partie* de la méthode ne peut être donnée en exemple pour des tons issus de couleurs brillantes, les cadmium par exemple ; on doit s'y prendre autrement.

Comme conclusion de cette causerie, je peux affirmer que, sans le secours des règles sur lesquelles je me suis appuyé, il ne m'eût pas été possible, pour un cas donné, d'obtenir, avec certitude, le maximum de la puissance, tout le développement possible de la perspective aérienne, la véritable atmosphère particulière à chaque lumière, le maximum de lumière conciliable avec la sensation du vrai, l'harmonie des tons dans l'ombre et dans la lumière. Quant à l'impression de la vie que je me suis toujours efforcé de donner je suppose qu'elle résulte de l'ensemble des qualités que peut avoir une œuvre. Quoi qu'il en soit, elle ne peut toujours résulter que de moyens d'expression.

Il est assez logique de penser que tout moyen qui apporte une qualité doit y concourir.

J'oubliais de dire que, sans le secours de ces règles, il ne m'eût pas été possible de peindre dans tant de tonalités différentes et je crois que je peux parler ainsi sans afficher trop de prétentions, car, s'il est bien vrai que mes effets sont très variés, j'indique par quels moyens tous les peintres peuvent posséder cette variété.

Et je crois bien qu'un artiste qui est, *malgré lui*, ou gris ou jaune, ou noir ou pâle, etc., est victime d'un procédé dont il n'est pas conscient, sauf quelques cas très particuliers, le daltonisme par exemple.

Que chacun interroge sa mémoire, il s'en trouvera un grand nombre ayant eu à lutter contre une tonalité particulière, toujours la même. Quant à moi, avant d'avoir étudié la couleur comme je l'ai fait, j'étais toujours, malgré ma volonté, gris, décoloré, insipide.

Il ne faut pas dire que c'est là la conséquence d'une vision ou d'un tempérament. Si cela était vrai l'artiste serait content de lui et ne chercherait pas à se débarrasser d'un défaut tout relatif, parce que, incapable de voir ou de sentir autrement, il ne verrait ou ne sentirait pas la différence qu'il y a entre les autres tableaux et les siens.

Mais, puisqu'il voit et sent cette différence, c'est que, dans l'exécution, il est victime d'un procédé contraire à sa nature.

Ce procédé lui fait faire inconsciemment de la transposition, c'est-à-dire qu'il transpose tout ce qu'il voit dans une tonalité à lui familière, ce qui n'existerait plus le jour où on lui enseignerait à déplacer ses bases, le jour où on lui enseignerait les gammes, parce qu'il pourrait employer celle qu'il voudrait.

Pour changer sa couleur, il est actuellement à la merci d'une trouvaille heureuse qu'il fera bientôt, ou fort tard ou pas du tout. La science de la couleur épargnerait de longs tâtonnements stériles en permettant de suivre son tempérament dès qu'on la posséderait.

Au point de vue tonalité à soi particulière et au point de vue méthodique, il faut bien se garder de juger mon exposition dans son ensemble, parce que son ensemble donnera mon goût, mon sentiment plus que ma méthode. Il est certain que mon temperament me portera plus particulièrement vers telle ou telle note dont j'abuserai vraisemblablement.

Au point de vue méthodique, il faut voir si j'ai pu, quand j'ai voulu, être ou clair, ou sombre, ou noir, ou blanc, ou gris, ou coloré, etc., suivant le cas, si ma couleur est bien conforme à l'intention de l'effet.

Je tiens à répéter, en terminant, que je viens seulement soumettre des idées. Il peut se faire que ces idées ne soient pas nouvelles, le besoin d'une science ayant dû déjà se faire sentir.

Je veux bien dire aussi que je ne prétends nullement imposer ma méthode qui ne vaut que ce qu'elle vaut, sans parler de ses lacunes.

Ce serait de ma part une prétention inqualifiable que de croire avoir réuni tous les éléments d'une science complète du premier coup. L'histoire de la musique, comme les autres, nous apprend les tâtonnements successifs et les erreurs premières. Il a fallu des siècles pour arriver à la vaste science d'aujourd'hui.

Je vous prierai donc d'être très indulgents.

Je me rends bien compte que, malgré tous mes efforts, j'ai appris bien peu de chose relativement à tout ce qu'il faudrait savoir.

Et, comme il se peut que je n'aie rien ajouté à ce que tout peintre, qui a réfléchi et travaillé, sait, je serais heureux cependant de penser que j'ai pu, peut-être, quand même, faire œuvre utile en parlant de la nécessité qu'il y aurait à épargner aux arrivants les longs labeurs incertains, en groupant les éléments d'une science de la couleur qui, je crois, n'est écrite nulle part, une science qui, reposant exclusivement sur la vérité relative permettrait à chacun de suivre son tempérament, de tout faire, sans risquer de l'enfermer dans une manière, dans un procédé.

Au sujet des questions que chacun peut avoir la tentation de me poser pour satisfaire une curiosité, certes légitime qu'il me soit permis de dire que je ne viens pas présenter cette méthode elle-même qui n'est pas encore écrite. Je veux seulement, pour le moment, prouver qu'il peut en exister une d'après laquelle j'exécute mes œuvres et montrer ses résultats, lesquels seuls peuvent être discutés aujourd'hui.

Et puis il serait si difficile de s'entendre, car il est bien vrai que nous n'avons pas encore de langage. En chimie, si nous disons: $So^4 H^2$ nous sommes immédiatement fixés sur la composition du corps. En musique, si nous disons : accord parfait de la bémol majeur, nous sommes fixés sur l'effet d'ensemble de ces sons.

Comment pourrait-on parler d'une façon qui ne soit tout à fait imprécise puisqu'il n'existe aucun terme issu d'un classement et répondant à une idée exacte? Comment pourrait-on parler d'une teinte ou d'une valeur, appartenant à une harmonie, puisqu'on n'a encore déterminé aucune harmonie? Et comment pourrait-on arriver à se faire comprendre exactement au sujet d'une harmonie qu'on se représente, qu'on imagine clairement, mais qu'on ne peut formuler.

Je vous assure que les peintres, au sujet de la couleur, ne peuvent guère parler, entre eux... qu'un langage incompréhensible.

Je vous serais donc très reconnaissant de vous contenter, pour le moment, de ce que je peux seulement dire et de vouloir bien prendre en considération mes essais.

IMP. BOUQUILLARD, 39, FAUB. DU TEMPLE

9 782329 628660